Monika Gänsler
Anja Ritterhoff

Leuch Laterne!

Laternen im Material-Mix

Der **Seeräuber**
von Seite 1 wird auf Seite 30 beschrieben.

Fotos: frechverlag GmbH, 70499 Stuttgart;
Fotostudio Ullrich & Co., Renningen

Dieses Buch enthält:
2 Vorlagenbogen

Auflage: 6. 5. 4. 3. 2. | Letzte Zahlen
Jahr: 2008 2007 2006 2005 2004 | maßgebend

ISBN 3-7724-3151-8 · Best.-Nr. 3151
frechdruck GmbH, 70499 Stuttgart

Wenn die Tage kürzer und die Abende länger werden,
dann ist

Laternenzeit.

Warm anziehen und raus in die kalte, frische Luft!
Die leuchtend schönen Begleiter leisten uns bei so einem Spaziergang gerne Gesellschaft.

Besonders viel Freude bereitet so eine Laterne, wenn sie im Kindergarten, in der Schule oder vielleicht auch zu Hause mit den Eltern selbst gebastelt wird.

Schnell das nötige Material besorgen und schon kann der Bastelspaß beginnen.

Viel Spaß!

Ihre

Monika Gänsler

und

Anja Ritterhoff

Materialien und Werkzeuge

Folgende Materialien und Werkzeuge sollten Sie bereitlegen, wenn Sie die Laternen nachbasteln wollen. Die zusätzlichen Materialien (wie z. B. die benötigten Papiere, Farben usw. für jedes Modell) finden Sie in der jeweiligen Materialliste.

- Dünne Pappe für Schablonen
- Kopierpapier oder Schneiderpauspapier (wird zum Schneidern benötigt)
- Dünner Stift in Schwarz (wasserfest)
- Filzstift in Schwarz
- Fun Liner
- Buntstifte
- Bleistift
- Radiergummi
- Prickelnadel mit Unterlage
- Cutter mit Schneideunterlage
- Seitenschneider
- Spitze Rundzange
- Kleine, spitze, halbrunde Nagelschere
- Mittelgroße, spitze Schere
- Lochzange
- Laternenbügel
- Laternenstäbe aus Holz
- Laternenstab (batteriebetrieben)
- Teelichthalter und Teelichter
- UHU Alleskleber Kraft, evtl. Heißklebepistole
- Bindedraht, ø 0,35 mm und 0,65 mm

Hinweis
Als „Rest" bezeichnen wir jeweils ein Stück Tonkarton, das maximal das Format A5 hat.

Tonkarton-Laternen

1 Legen Sie einen Bogen Transparentpapier auf den Vorlagenbogen und pausen Sie das Motiv mit allen Einzelteilen mit einem Bleistift ab. Kleben Sie das Transparentpapier auf dünne Pappe und schneiden Sie dann alle Teile aus – fertig sind Ihre Schablonen.

1

2 Legen Sie die Schablonen auf den passenden Tonkarton und umfahren Sie sie mit einem spitzen Bleistift. Schneiden Sie das Motiv mit allen Einzelteilen exakt aus, zuerst die Innenflächen, danach die äußeren Konturen.

2

3 Zum Hinterkleben können Sie Transparentpapier oder andere durchscheinende Spezialpapiere (z. B. Mikadopapier) benutzen. Die ausgeschnittene Tonkarton-Form benutzen Sie für das Zuschneiden des Transparentpapiers. Denken Sie daran, dass Sie dabei an den Rändern genügend Fläche zum Aufkleben zugeben. Hinterkleben Sie die Bauchfläche mit dem durchscheinenden Papier.

3

Achtung

Geben Sie am Rand des Transparentpapiers unbedingt einige Millimeter zu, damit Sie dieses hinter die Tonkartonausschnitte kleben können. Diese Zugabe ist auf dem Vorlagenbogen nicht mit eingezeichnet!

4

5

6

4 Geben Sie der Fledermaus ihre Augen, die Wangenflecken, die Zähne und die Nase von vorne. Ergänzen Sie alle Innenlinien mit einem weißen Edding und einem schwarzen Stift. Arbeiten Sie dann das Seitenteil nochmal deckungsgleich, jedoch spiegelverkehrt.

5 Das Laternenmittelteil hat eine Breite von 14 cm, einschließlich beider Klebekanten (je 8 mm breit). Die Länge beträgt 38 cm. Die Längsseiten des Mittelteils werden links und rechts mit einer Falzlinie versehen. Aus dem so markierten Kleberand schneiden Sie beidseitig kleine Dreiecke heraus und knicken den Kleberand nach innen, d.h. der Kleberand steht senkrecht zum Mittelteil. Markieren Sie evtl. die Mitte für das Teelicht oder die Kerzenhalterung. Anschließend wird das Mittelteil nach und nach zuerst an den Rand eines Seitenteils geklebt. Wenn dieses richtig fest sitzt, folgt das zweite Seitenteil.

6 Nach dem Trocknen fixieren Sie Ihr Teelicht und lochen das Mittelteil an zwei Stellen zum Einhängen des Laternenbügels. Für Kerzen gibt es in Bastelgeschäften spezielle Kerzenhalterungen, die durch den Laternenboden gesteckt und außen umgeknickt werden. Biegen Sie mithilfe einer Zange die Enden des Drahtbügels nach innen um und hängen Sie die fertige Laterne ein.

Hinweis
Die Breitenangabe der Mittelstreifen ist inklusive der Klebekanten!

Das Malen mit Windowcolor

Legen Sie die Windradfolie auf die Vorlage und ziehen Sie die Konturen mit Konturenfarbe nach. Arbeiten Sie gleichmäßig. Nach dem Trocknen (je nach Fabrikat ca. ein bis zwei Stunden) können Sie mit einem Cutter unschöne Linien korrigieren bzw. wegschneiden und neu aufzeichnen. Dann malen Sie das Motiv aus. Tragen Sie die Farbe ca. 5 mm breiter auf als der Laternenausschnitt ist und lassen Sie alles trocknen. Anschließend schneiden Sie die Windradfolie ca. 7 mm größer als den Ausschnitt aus und kleben sie hinter den Laternenausschnitt.

Kleistertechnik

Die Kleistertechnik ist für Laternen sehr hübsch. Hierfür wird ein Luftballon mit Transparentpapier und Kleister umkleidet. Nach dem Trocknen wird er verziert und leuchtet im Dunkeln sehr schön.
Der Elefant (siehe auch S. 17) wurde in dieser Technik gebastelt.

Unsere Tipps

Sie können auch mithilfe von Kopierpapier das Motiv vom Vorlagenbogen auf den Tonkarton der gewünschten Farbe übertragen. Dazu legen Sie einen Bogen Kohlepapier (oder Schneiderpauspapier) auf den Tonkarton, legen die Vorlage darüber und ziehen mit einem Stift die Kontur des Motivs nach. Dann können Sie Ihr Motiv ausschneiden. Legen Sie erst alle Innenflächen frei, dann folgt die Außenkontur.

Das Mittelteil kann schon vor dem Fixieren an jeder Seite das Aufhängeloch für den Laternenbügel erhalten, um ein späteres Verknicken zu vermeiden.

Für die Aufhängung des Laternenbügels können Sie auch die Seitenteile wählen und diese mit der Lochzange lochen.

Für jüngere Kinder eignen sich am besten batteriebetriebene Laternenstäbe. Von dem Gebrauch von Teelichtern möchten wir während eines Laternenumzugs abraten. Werden die Laternen als Tischdekoration genutzt, sind Teelichter wiederum sehr gut geeignet.

Echte Kerzen bitte nur mit der entsprechenden Halterung in den Laternen befestigen und immer unter Aufsicht brennen lassen.

Vorgefertigte Laternendeckel und Böden gibt es im Fachhandel zu kaufen. Sie sind sehr einfach zu verarbeiten. Wir haben zwei Laternen damit gebastelt (Seite 8/9).

Laternengröße
ca. 11 cm x 30 cm

Material

- Tonkarton in Mittelgrün, A3
- Tonkartonrest in Hellgrün
- Architektenpapier in Weiß, A3
- Transparentpapierrest in Lila, Blau, Rot, Grün und Gelb
- Stift in Silber
- Buntstift in Orange
- Laternenboden und Deckel, ø 11 cm
- Draht in Schwarz, ø 1 mm, 40 cm lang
- Knopf in Rot, ø 17 mm
- 2 Holzperlen in Blau, ø 1 cm
- Sieb
- Zahnbürste
- Wasserfarben in Blau und Schwarz

Marsmännchen

Bedrucken Sie zuerst das Architektenpapier mit der Spritztechnik. Hierfür tauchen Sie eine Zahnbürste in Wasserfarbe und reiben sie über ein Sieb, sodass die Spritzer auf dem Architektenpapier (42 cm x 22 cm) landen. Nachdem das Papier gut getrocknet ist, malen Sie die silbernen Kringel auf. Kleben Sie das Architektenpapier von außen um den Laternenboden und Deckel, sodass eine Laterne entsteht. Die Planeten und Sterne aus Transparentpapier werden auf die Laterne geklebt. Befestigen Sie den Laternenbügel, bevor Sie den grünen Streifen ankleben.
Wickeln Sie die Drahtfühler um einen runden Stift und verzieren Sie sie jeweils mit einer Perle, bevor Sie sie von hinten an das gestaltete Gesicht kleben. Kleben Sie dieses nun auf die Laterne.

Laternenmännchen

Kleben Sie das gelbe Transparentpapier (42 cm x 20 cm) von außen um die Schachtelkreise, sodass eine Laterne entsteht. Legen Sie das orangefarbene Transparentpapier doppelt und prickeln Sie fünf Monde, fünf große und sieben kleine Sterne mit einer Prickelnadel aus. Kleben Sie die Motive auf die Laterne und fixieren Sie oben und unten die blauen Ränder. Bekleben Sie den Kopf mit der Filzmütze, setzen Sie dabei die Basthaare unter die Mütze und den Pompon oben auf den Zipfel. Nun bemalen Sie das Gesicht und die Hände und befestigen sie am oberen Rand der Laterne.

Laternengröße
ca. 11 cm x 29 cm

Material

- Tonkarton in Blau, A3
- Tonkarton in Haut, A4
- Transparentpapier in Gelb, A3
- Transparentpapier in Orange, A4
- Prickelnadel mit Unterlage
- Filz in Rot, A5
- Buntstift in Orange
- Laternenboden und Deckel, ø 11 cm
- Bastrest in Schwarz
- 2 Pompons in Weiß, ø 1,5 cm

Vorlagenbogen 1A

Sternen-Laterne

Laternengröße

ca. 13,5 cm x 18 cm x 13,5 cm

Material

- 1 fertiges Laternenstanzteil aus 3D-Wellpappe in Blau, 13,5 cm x 18 cm x 13,5 cm
- 1 Laternenzuschnitt aus Faserseide, beidseitig gefärbt in Blau und Grün mit Sternchenmotiv, 20,5 cm x 52 cm
- Tonkartonrest in Hellgrün
- 8 Pompons in Blau, ø 15 mm
- Fun Liner Glitter in Reseda

Vorlagenbogen 1A

Kleben Sie die etwas schmaler geschnittene Faserseide mit der grünen Seite nach außen hinter die Ausschnitte der Laterne und schmücken Sie diese mit einigen Sternen. Diese sollten Sie vorher mit dem Fun Liner Glitter und den Pompons verzieren.

Kleine Windowcolor-Laterne

Zunächst malen Sie die Motive auf die Windradfolie. Streuen Sie in die noch feuchte Farbe der Sterne etwas Hologramm-Flitter und in die Igelfrisur einige Glaskügelchen. Nach dem Trocknen kleben Sie die Windradfolie von hinten in die Ausschnitte. Nun wird die Laterne zusammengefügt. Bevor Sie den Laternenbügel passend biegen, fädeln Sie 6 Holzperlen auf den Draht, biegen danach dessen Enden um und hängen die Laterne ein.

Laternengröße

ca. 13,5 cm x 18 cm x 13,5 cm

Material

- 1 fertiges Laternenstanzteil aus 3D-Colorwellpappe in Gelb, 13,5 cm x 18 cm x 13,5 cm, inklusive Windradfolie, 13 cm x 17 cm, 0,4 mm stark
- Windowcolor-Konturenfarben in Gold und Schwarz
- Windowcolor-Farben in Gelb, Olivgrün, Bernstein, Hellbraun, Korallenrot, Hautfarbe, Flieder, Arktis, Reseda, Kristallklar und Azurblau
- Glaskügelchen in Weiß, ø 2 mm
- Hologramm-Flitter
- 6 Holzperlen in Rot, Grün und Gelb, ø 10 mm

Vorlagenbogen 1A

Polizeiauto

Laternengröße
ca. 29 cm x 24 cm

Material
- Tonkarton in Weiß, A3
- Tonkartonstreifen in Weiß, 15 cm x 61,5 cm (für das Mittelteil)
- Tonkartonreste in Grün, Rot, Gelb, Blau, Schwarz, Hell- und Dunkelgrau
- Transparentpapier in Grün und Blau, A4

Vorlagenbogen 1B

Fertigen Sie beide Seitenteile des Polizeiautos an. Hierfür trennen Sie die Fenster und Türen mithilfe eines Cutters heraus. Dann werden sie mit blauem und grünem Transparentpapier hinterklebt. Kleben Sie die Lichter, Verzierungen und Radkappen sowie das Rücklicht an. Nun kleben Sie das Mittelstück ein und ergänzen die Räder.

Feuerwehrauto

Schneiden Sie alle Teile des Feuerwehrautos aus, die Leiter und die Fensterscheiben der Feuerwehr mithilfe eines Cutters. Nun kleben Sie das Transparentpapier hinter die Fensteröffnungen.
Kleben Sie die Feuerwehr zusammen, indem Sie das Mittelteil zwischen den beiden Seitenteilen anbringen. Kleben Sie nun von beiden Seiten die Leitern, Räder und Lichter auf.

Laternengröße
ca. 28 cm x 23 cm

Material
- Tonkarton in Rot und Schwarz, A3
- Tonkartonstreifen in Rot, 15 cm x 65 cm (für das Mittelteil)
- Tonkartonrest in Gelb
- Transparentpapier in Gelb, A3

Vorlagenbogen 2B

Kürbis

Malen Sie das Motiv mit schwarzer Konturenfarbe auf die Windradfolie und lassen Sie alles trocknen.
Nach dem Ausfüllen aller Flächen mit Windowcolor-Farbe bestreuen Sie die noch feuchte Farbe mit Glaskügelchen.
Für das zweite Seitenteil arbeiten Sie das Gesicht aus Windowcolor spiegelverkehrt. Dazu übertragen Sie das Motiv auf Transparentpapier, wenden es und arbeiten mit der Rückseite.
Schneiden Sie das getrocknete Motiv aus (s. Seite 7).
Erstellen Sie nun die Schablone für den Kürbiskörper und eine separate Schablone für den Kürbisstiel und legen Sie beide auf den gewünschten Tonkarton.
Nach dem Ausschneiden kleben Sie beide Teile laut Vorlagenbogen zusammen. Arbeiten Sie das zweite Seitenteil genauso, jedoch spiegelverkehrt.
Dazu legen Sie die Schablonen spiegelverkehrt auf den Tonkarton.
Kleben Sie den fertigen Laternenrahmen von vorne auf die ausgeschnittene Windradfolie. Lochen Sie den Mittelstreifen und kleben Sie diesen senkrecht auf eine Motivseite, dann wird die andere Seite fixiert. Bringen Sie jetzt mit der Heißklebepistole die mit dünnem Bindedraht mittig umwickelten Krepp-Papierstreifen an.

Laternengröße

ca. 25 cm x 25 cm

Material

- Tonkarton in Orange, 50 cm x 70 cm
- Tonkarton in Grün, A4
- Tonkartonstreifen in Orange, 15 cm x 50 cm (für das Mittelteil)
- Windradfolie, 35 cm x 50 cm, 0,4 mm stark
- Windowcolor-Konturenfarbe in Schwarz
- Windowcolor-Farben in Weiß, Gelb, Orange, Korallenrot, Reseda und Olivgrün
- 2 Krepp-Papiersteifen in Orange, 2 cm x 80 cm
- 2 Krepp-Papierstreifen in Grün, 2 cm x 60 cm
- Bindedraht, geglüht, ø 0,35 mm
- Glaskügelchen, ø 1,5 mm – 2 mm in Weiß, Rot und Grün

Vorlagenbogen 2B

Schnecke

Anleitung Seite 16

Laternengröße

ca. 22 cm x 22 cm

Material

- Tonkarton in Hellgrün, A3
- Tonkartonstreifen in Hellgrün, 14 cm x 32 cm (für das Mittelteil)
- Tonkartonreste in Orange, Rot, Schwarz und Weiß
- Windradfolie in A4, 0,4 mm stark
- Windowcolor-Konturenfarbe in Schwarz
- Windowcolor-Farben in Gelb, Korallenrot, Reseda, Zitron, Flieder, Türkisblau, Azurblau, Hellblau und Hellgrün
- Bindedraht, geglüht, ø 0,65 mm
- 4 Pompons in Dunkelblau, ø 15 mm

Vorlagenbogen 1B

Schnecke

Abbildung Seite 15

Malen Sie das Schneckengehäuse mit schwarzer Konturenfarbe auf die Windradfolie und lassen Sie diese trocknen. Nach dem Ausfüllen und Trocknen der Flächen schneiden Sie das Gehäuse aus (s. Seite 7).

Erstellen Sie die Schablone für die Schnecke, arbeiten Sie sie in Tonkarton und setzen Sie das Gesicht zusammen. Zwei Drahtstückchen mit jeweils einem Pompon versehen und laut Vorlage ankleben. Jetzt arbeiten Sie das zweite Seitenteil spiegelverkehrt. Dazu drehen Sie Ihre Schablone um. Die Windowcolorfläche für das spiegelverkehrte Gehäuse erhalten Sie, indem Sie die Innenlinien des Gehäuses vom Vorlagenbogen auf Transparentpapier abpausen und dieses auf die Rückseite wenden. Nun fixieren Sie beide Seitenteile von vorne auf der jeweiligen Windradfolie und kleben anschließend das Mittelteil dazwischen.

Elefant

Blasen Sie den Luftballon auf und verknoten Sie ihn. Reißen Sie das Transparentpapier in kleine Stücke. Umkleistern Sie dann den Luftballon mit dem Tapetenkleister und dem Transparentpapier. Hängen Sie den Ballon an einen Faden und lassen Sie ihn ca. ein bis drei Tage trocknen. Dann falten Sie für den Rüssel eine Hexentreppe und bringen sie an. Hierfür kleben Sie die Streifen im rechten Winkel aufeinander und knicken sie abwechselnd übereinander, sodass eine Treppe entsteht. Kleben Sie die Augen und Ohren auf und malen Sie die restlichen Innenlinien auf. Nun wird der Elefantenkopf oben eingeschnitten und der Luftballon entfernt. Befestigen Sie den Laternenbügel vorsichtig in zwei angebrachte Löcher am Kopf. Jetzt kann der kleine Elefant leuchten.

Laternengröße

ca. 16 cm x 18 cm

Material

- Tonkarton in Gelb, Rosa und Grün, A4
- Transparentpapier in Hellblau, 2 x A3
- 2 Wackelaugen, ov ø 15 mm
- Luftballon
- Angerührter Tapete kleister

Vorlagenbogen 1B

DRACHENWALD
EIN MEER FÜR SARA
Patricia MacLachlan
hristoph Eschweiler
Max Schibronski ist überall!

Schmetterling

Laternengröße
ca. 36 cm x 31 cm

Material
- Tonkarton in Dunkelblau, 50 cm x 70 cm
- Tonkartonstreifen in Gelb, 15 cm x 48 cm (für das Mittelteil)
- Tonkartonreste in Hellgrün, Orange und Gelb
- Windradfolie, 35 cm x 50 cm, 0,4 mm stark
- Windowcolor-Konturenfarbe in Bleimetallic
- Windowcolor-Farben in Reseda, Azurblau, Karibik, Pink, Orange, Gelb und Zitron
- Hologramm-Glitter-Faden
- Hologramm-Herzen
- 4 Wackelaugen, ø 12 mm
- Fun Liner Glitter in Gold
- Effektspray in Gold
- Edding in Weiß

Vorlagenbogen 2A

Malen Sie die Konturen auf die Windradfolie und bestreuen Sie diese im feuchten Zustand mit Hologramm-Glitter. Nach dem Trocknen füllen Sie alle Flächen aus und geben in die frischen Farben der Kreise einige Hologramm-Herzchen. Schneiden Sie mithilfe von Schablonen alle Teile laut Vorlagenbogen aus und fügen Sie diese zusammen. Verzieren Sie die Herzchenfühler mit Fun Liner Glitter und die Herzchen auf den Flügeln mit etwas Effektspray. Kleben Sie die Wackelaugen auf und ergänzen Sie die weißen Innenlinien. Kleben Sie das fertige Seitenteil von vorne auf die Windradfolie. Das zweite Seitenteil arbeiten Sie genauso, nur ist das Bauchteil spiegelverkehrt. Dazu übertragen Sie das Bauchteil vom Vorlagenbogen auf Transparentpapier und wenden es auf die Rückseite. Lochen Sie den Mittelstreifen und kleben Sie ihn senkrecht auf ein Seitenteil. Danach wird das andere Seitenteil fixiert.

Glitzerblume

Schneiden Sie zuerst die beiden Blumenteile aus. Dann kleben Sie das Mittelstück ein. Tupfen Sie mit dem Weinkorken in gelbe Fingerfarbe und drucken Sie auf jede zweite Blütenrundung einen Kreis. Verfahren Sie mit der roten Fingerfarbe entsprechend. Lassen Sie die Farbe trocknen und malen Sie dann abwechselnd mit grünem und silbernem Fun Liner die kleinen Blütenumrandungen um die Korkkreise. Lassen Sie alles wieder gut trocknen.

Laternengröße
ca. 25 cm x 25 cm

Material
- Tonkarton in Pink, 2 x A3
- Tonkartonstreifen in Pink, 15 cm x 50 cm (für das Mittelteil)
- Transparentpapier in Weiß, A3
- Fun Liner Glitter in Silber und Grün
- Fingerfarben in Gelb und Rot
- Weinkorken
- Alter Teller für Farbe

Vorlagenbogen 1B

Laternengröße

ca. 24 cm x 32 cm

Material

- Tonkarton in Hellorange, 50 cm x 70 cm
- Tonkartonstreifen in Hellorange, 15 cm x 50 cm (für das Mittelteil)
- Tonkartonreste in Schwarz, Grau und Orange
- Regenbogentransparentpapier, A3
- 4 Wackelaugen, ø 10 mm
- Edding in Weiß

Vorlagenbogen 1B

Katze

Mithilfe der Schablonen schneiden Sie alle Teile zu. Kleben Sie von hinten die kleine Maus an den Tonkartonsteg, bevor Sie das Regenbogentransparentpapier ergänzen. Kleben Sie die Füße an und malen Sie alle schwarzen Innenlinien und den weißen Nasenfleck auf. Arbeiten Sie das zweite Seitenteil genauso, jedoch spiegelverkehrt. Lochen Sie den Mittelstreifen an jeder Seite für den Laternenbügel und kleben Sie ihn zwischen beide Seitenteile.

Löwe

Erarbeiten Sie Ihre Schablonen und legen Sie diese auf den entsprechenden Tonkarton.
Hinterkleben Sie den Bauch des Löwen mit hellbraunem Mikadopapier, auf das Gesicht kleben Sie die Augen und die Nase. Malen Sie alle Innenlinien auf. Lochen Sie den Körper für die Aufhängung der Füße.
Arbeiten Sie das zweite Seitenteil genauso. Anschließend wird das Mittelteil zwischen die Motivseiten geklebt. Sie sollten es schon vorher für den Laternenbügel an jeder Seite lochen. Biegen Sie den Draht laut Skizze an beiden Enden um und hängen Sie dem Löwen seine Füße an.

Laternengröße

ca. 21 cm x 35 cm

Material

- Tonkarton in Dunkelbraun, 50 cm x 70 cm
- Tonkarton in Hautfarbe, A4
- Tonkartonstreifen in Dunkelbraun, 15 cm x 42 cm (für das Mittelteil)
- Tonkartonrest in Schwarz
- Mikadopapier in Hellbraun, A3
- Bindedraht, geglüht, ø 0,65 mm
- Edding in Weiß

Vorlagenbogen 2A

Schnee-eule

Laternengröße
ca. 41 cm x 28 cm

Material
- Tonkarton in Weiß, 50 cm x 70 cm
- Tonkartonstreifen in Weiß, 15 cm x 45 cm (für das Mittelteil)
- Tonkartonreste in Schwarz, Gelb, Maisgelb und Grau
- Faserseide in Weiß, 60 cm x 30 cm

Vorlagenbogen 2A

Mithilfe der Schablonen schneiden Sie alle Teile zu. Kleben Sie die Faserseide von hinten und die Augen, den Schnabel, die Federspitzen und die Füße von vorne auf. Malen Sie alle Innenlinien auf und arbeiten Sie das zweite Seitenteil ebenso, jedoch spiegelverkehrt.
Das schon vorher für den Laternenbügel gelochte Mittelteil wird jetzt zwischen die Seitenteile geklebt.

Kleiner Eisbär

Arbeiten Sie Ihre Schablonen und legen Sie diese auf Ihren Tonkarton. Schneiden Sie alle Teile aus und fügen Sie sie zusammen. Hinterkleben Sie den Bauch mit weißer Faserseide und verzieren Sie ihn von vorne mit drei kleinen Fischen. Malen Sie alle schwarzen Innenlinien auf und vergessen Sie den weißen Nasenfleck nicht. Arbeiten Sie das zweite Seitenteil genauso, jedoch spiegelverkehrt. Nun kleben Sie das Mittelteil zwischen die Seitenteile. Sie sollten es schon vor dem Anbringen für den Laternenbügel lochen.

Laternengröße

ca. 21 cm x 32 cm

Material

- Tonkarton in Weiß, 50 cm x 70 cm
- Tonkartonstreifen in Weiß, 15 cm x 46 cm (für das Mittelteil)
- Tonkartonreste in Schwarz, Rot und drei Blautönen
- Faserseide in Weiß, 40 cm x 25 cm
- Edding in Weiß

Vorlagenbogen 2A

Rabe

Laternengröße
ca. 38 cm x 36 cm

Material
- Tonkarton in Schwarz, 50 cm x 70 cm
- Tonkarton in Sonnengelb, A4
- Tonkartonstreifen in Schwarz, 15 cm x 36 cm (für das Mittelteil)
- Tonkartonrest in Weiß
- Transparentpapier in Blau mit Sternenmotiv, A3
- Bindedraht, geglüht, ø 0,65 mm

Vorlagenbogen 1B

Arbeiten Sie Ihre Schablonen, legen Sie diese auf den jeweiligen Tonkarton und schneiden Sie alle Teile aus.
Den Bauch hinterkleben Sie mit dem Transparentpapier. Nun kleben Sie dem Raben die Augen und den Schnabel auf. Lochen Sie mit einer Lochzange die Löcher für die Beine. Malen Sie alle schwarzen Innenlinien auf und arbeiten Sie das zweite Seitenteil genauso, nur spiegelverkehrt.
Nun kleben Sie das Mittelteil zwischen die Seitenteile und hängen nach dem Trocknen die Füße ein.

Hexenbesen

Schneiden Sie die Motive mithilfe von Schablonen aus. Kleben Sie das Architektenpapier hinter die beiden blauen Bogen und das Mittelteil dazwischen. Setzen Sie den Besen zusammen und kleben Sie den Körper der Hexe hinter den Besenstil. Kleben Sie die Schuhe hinter die Beine und platzieren Sie diese mit den Händen am Körper. Schmücken Sie die Hose mit einem kleinen Flicken. Jetzt werden die Haare hinter den Kopf und der Hut auf den Kopf geklebt. Malen Sie das Gesicht auf und kleben Sie den Kopf auf den Körper.
Bringen Sie nun den Besen mit der Hexe auf der unteren Seite der Laterne an. Stanzen Sie aus Nachtleuchtpapier große Sterne aus und bringen Sie sie am Laternenrand an. Dann werden kleine Sterne mit Abstandsband auf die großen geklebt. Fügen Sie den Mond hinzu und kleben Sie weitere Sterne auf den Hintergrund.

Laternengröße
ca. 28 cm x 18 cm

Material
- Wellkarton in Dunkelblau, 50 cm x 70 cm
- Tonkarton in Braun und Gel[b], A4
- Wellkartonstreifen in Dunke[l]blau, 15 cm x 58 cm (für das Mittelteil)
- Transparentpapierreste in R[...] Grün, Lila, Schwarz und Ha[...]
- Nachtleuchtpapier, A4
- Architektenpapier in Weiß, [...]
- Buntstifte in Orange, Rot un[d] Braun
- Motivlocher (kleiner und großer Stern)
- Abstandsband

Vorlagenbogen 1A

Fledermaus

Legen Sie die Schablonen auf den gewünschten Tonkarton. Schneiden Sie alle Teile aus, vervollständigen Sie das Gesicht und hinterkleben Sie den Bauch mit dem Transparentpapier.
Setzen Sie das zweite Seitenteil zusammen, jedoch spiegelverkehrt.
Nun kleben Sie das Mittelteil zwischen die Seitenteile.

Laternengröße

ca. 27 cm x 30 cm

Material

- Tonkarton in Schwarz, A3
- Tonkartonstreifen in Rot, 14 cm x 38 cm (für das Mittelteil)
- Tonkartonreste in Weiß und Rot
- Transparentpapier mit Vampirmotiv, 34 cm x 22 cm
- Edding in Weiß

Vorlagenbogen 2B

Laternengröße

ca. 22 cm x 22 cm

Material

- Tonkarton in Schwarz, A2
- Tonkartonstreifen in Schwarz, 15 cm x 52 cm (für das Mittelteil)
- Tonkartonreste in Blau, Hellgrün, Orange und Weiß
- Transparentpapier in Lila, A3

Vorlagenbogen 2B

Dracula

Schneiden Sie mithilfe der Schablonen alle Teile zu.
Kleben Sie zuerst die Haare auf. Dann hinterkleben Sie den Kopf mit lila Transparentpapier. Kleben Sie die Augen auf und stanzen Sie den Lichtpunkt mit einer Lochzange aus. Kleben Sie die Nase, die Wangen und die Zähne auf und malen Sie die restlichen Innenlinien auf.
Schneiden Sie das Mittelteil aus und kleben Sie es zwischen die beiden fertigen Gesichter.

Vogelscheuche

Laternengröße
ca. 22 cm x 32 cm

Material
- Tonkarton in Braun, A3
- Tonkartonstreifen in Braun, 15 cm x 56,5 cm (für das Mittelteil)
- Tonkartonreste in Hellgrün, Rot und Haut
- Transparentpapier in Gelb, A4
- Transparentpapierreste in Orange, Grün, Blau und Rot
- Buntstifte in Orange und Rot
- Wackelaugen, oval, ø 10 mm
- Strohhalme, 20 x 10 cm (Beine), 16 x 6 cm (Arme), 10 x 16 cm (Haare)

Vorlagenbogen 1A

Arbeiten Sie die Schablonen mithilfe des Vorlagenbogens. Schneiden Sie alle Teile aus. Kleben Sie das Transparentpapier hinter den Bauch der Vogelscheuche und ergänzen Sie die Flicken. Kleben Sie die Beine hinter die beiden Dreiecke. Dann wird das Mittelteil eingesetzt.
Kleben Sie die Arme mit den Stroh-Fingern auf beiden Seiten auf. Nun bekleben Sie das Gesicht mit den Augen und malen die schwarzen Innenlinien auf. Kleben Sie den bemalten Hut auf.
Knicken Sie das Stroh für die Haare einmal in der Mitte und kleben Sie es hinter den Kopf. Den fertigen Kopf kleben Sie auf den Körper.

Hexenkessel

Schneiden Sie alle Motivteile mithilfe der Schablonen aus. Hinterkleben Sie jede Seite mit weißem Architektenpapier. Dann kleben Sie das Mittelteil dazwischen.
Biegen Sie die zehn Chenilledrähte zur Hälfte und drehen Sie sie ineinander, sodass sie stabiler sind. Kleben Sie an das eine Ende die bemalten Köpfe mit Heißkleber und das andere Ende in dem Kessel fest.
Halten Sie die Kerzen abwechselnd über die weiße Kesselfläche und lassen Sie das Wachs auftropfen.
Nach dem Trocknen kann nach Wunsch der Laternenbügel angebracht werden.

Laternengröße
ca. 25 cm x 26 cm

Material
- Tonkarton in Schwarz, A3
- Tonkarton in Orange, A4
- Tonkartonstreifen in Schwarz, 15 cm x 56 cm (für das Mittelteil)
- Architektenpapier in Weiß, A3
- Buntstifte in Rot und Weiß
- 10 Chenilledrähte in Bordeaux, Orange und Rot, ca. 30 cm lang
- Kerzenreste in Rot, Orange, Grün, Weiß und Gelb

Vorlagenbogen 2B

Einhorn

Schneiden Sie die Motivteile aus. Kleben Sie das Architektenpapier hinter die Ausschnitte. Bringen Sie das Mittelteil an.
Der Kopf wird von beiden Seiten mit kleinen Glitzerpunkten verziert. Bringen Sie die Haare und das Horn mit Abstandsband an. Kleben Sie die Wimpern auf die aufgemalten Augen und befestigen Sie diese auf dem Gesicht. Die Nase und den Mund malen Sie mit einem Filzstift auf. Für die Wangen tunken Sie eine Fingerkuppe in die Anspitzreste eines orangefarbenen Buntstiftes und verreiben die Farbe auf dem Papier.

Laternengröße
ca. 19 cm x 30 cm

Material
- Tonkarton in Weiß, A3
- Tonkarton in Schwarz, A4
- Tonkartonstreifen in Weiß, 15 cm x 62 cm (für das Mittelteil)
- Architektenpapier in Weiß, A3
- Hologrammkarton, A4
- Dicke Filzstifte in Schwarz und Hellblau
- Buntstift in Orange
- Malglitter in Silber
- Abstandsband

Vorlagenbogen 1A

Seeräuber

Abbildung Seite 1

Schneiden Sie alle Teile mithilfe Ihrer Schablonen zu. Bevor Sie das Transparentpapier von hinten anbringen, müssen Sie die Augenklappe fixieren. Kleben Sie den kompletten Hut mit Totenkopf, die Augenbrauen, das Auge, die Wangen und den Bart von vorne auf den Kopf. Malen Sie alle Innenlinien mit einem schwarzen Stift auf.
Arbeiten Sie das zweite Seitenteil spiegelverkehrt. Kleben Sie das für den Laternenbügel schon vorher gelochte Mittelteil zwischen beide Seitenteile.

Laternengröße
ca. 28 cm x 29 cm

Material
- Tonkarton in Braun und Schwarz, 50 cm x 70 cm
- Tonkartonstreifen in Braun, 15 cm x 38 cm (für das Mittelteil)
- Tonkartonreste in Weiß und Rot
- Transparentpapier in Hellorange, A3
- Transparentpapierrest in Rot

Vorlagenbogen 2B

Meerjungfrau

Schneiden Sie die Meerjungfrau mithilfe einer Schablone aus. Entfernen Sie die Innenteile mit einem Cutter oder einer Prickelnadel und hinterkleben Sie die Flosse mit grünem, den Körper mit hautfarbenem und die Haare mit gelbem Transparentpapier. Befestigen Sie das Mittelteil. Tragen Sie den hell- und den dunkelgrünen Glitter auf der Flosse wellenförmig und den silbernen Malglitter auf den Haaren ganz auf.

Laternengröße

ca. 28 cm x 24 cm

Material

- Tonkarton in Regenboger farben, A3
- Transparentpapier in Grü Gelb und Haut, A3
- Tonkartonstreifen in Orange, 15 cm x 48 cm (für das Mittelteil)
- Fun-Liner in Glittergrün h und dunkel
- Malglitter in Silber

Vorlagenbogen 1A